ÉTUDE

SUR

LE COMBAT OFFENSIF

D'UNE DIVISION

E. JAYET

CHEF DE BATAILLON AU 114e

1877

Aucune publication n'ayant été faite sur la manière dont le village a été défendu, il n'a pas été possible d'étudier la défense en même temps que l'attaque.

ÉTUDE

SUR

LE COMBAT OFFENSIF D'UNE DIVISION

PRISE DU VILLAGE DE VIONVILLE, PAR LES ARMÉES ALLEMANDES, LE 16 AOUT 1870

Il est intéressant d'étudier la prise du village de Vionville par les armées allemandes, le 16 août 1870, pour bien se rendre compte de ce que peuvent, livrées à elles-mêmes, les deux armes de l'artillerie et de la cavalerie se prêtant un mutuel appui, et comment leur action peut être complétée par celle de l'infanterie.

Une division de cavalerie, la 5me, est chargée le 16 août de faire une reconnaissance offensive vers Vionville pour se renseigner sur la marche de l'armée française.

Cette division comprend trois brigades de trois régiments :

La brigade Redern.

La brigade Bredow.

La brigade Barby.

La division quitte ses bivouacs à 8 heures 1/2 du

matin. La brigade Redern se dirige de Puxieux sur Tronville et Vionville; elle forme l'avant-garde de la division, ayant en arrière d'elle sur sa droite et sur sa gauche les deux autres brigades.

La brigade Barby sur la route de Xonville à Tronville, à droite. (*Voir pl.* 5).

La brigade Bredow sur la route de Mars-la-Tour à Vionville, à gauche.

La brigade Redern est composée du 10me, du 11me, du 17me régiment de hussards et d'un escadron des dragons de la garde. Il lui est adjoint quatre batteries à cheval sous les ordres du major Körber, trois du 10me corps et une du 4me, commandées par les capitaines Schirmer et Frisch, Saalmuller et Bode. Cette brigade chargée de rechercher les Français du côté de Metz, tandis que les deux autres observent le terrain sur ses flancs à sa droite et à sa gauche, suit la route de Puxieux. Les trois escadrons du 10me hussards et la batterie Schirmer forment l'avant-garde, les trois autres batteries et les deux régiments de hussards avec l'escadron de dragons constituent le gros de la brigade.

La batterie Schirmer se tient sur la route précédée des trois escadrons qui l'éclairent en avant et sur les flancs: les trois autres batteries suivent également la route à 400 mètres environ de l'avant-garde, ayant sur leurs flancs et sur la même ligne le 11me régiment de hussards à droite et le 17me à gauche. Ces deux régiments sont formés en colonnes d'escadrons accolés, ils sont séparés l'un de l'autre de 250 à 300 mètres environ, de manière à permettre à l'artillerie de sortir facilement de la route pour se déployer.

C'est dans cet ordre que la brigade aborde un peu avant neuf heures du matin le plateau de Tronville.

Tandis que la brigade gravit les pentes qui précèdent le village, les éclaireurs du 10me hussards dépassent Tronville sans rencontrer un seul détachement français et peuvent reconnaître, tout à leur aise, le camp français au-delà du village. (*Pl.* 1). La batterie Schirmer se porte immédiatement en avant de Tronville à la cote 286 et prend position à 1200 mètres environ du camp; les autres batteries, sans être inquiétées plus que la 1re batterie, viennent se placer à sa gauche; toutes les quatre alors dirigent leurs feux sur les troupes françaises. La cavalerie les suit et prend position de manière à les protéger : 9 h.

Le 10me hussards dans un pli de terrain à droite.

Le 17me à gauche en deçà du plateau.

Le 11me à Tronville.

La brigade Barby, qui pendant ce temps est arrivée à Tronville, se place en réserve en arrière du village et un peu au nord de la route, pour se lier à la brigade Bredow qui se tient au sud de la route de Mars-la-Tour à Vionville.

Avant que dans le camp français on ait eu le temps de se remettre de la panique causée par cette brusque attaque et de courir aux armes, le major Körber pousse ses batteries plus en avant; il s'avance de 400 mètres environ jusqu'à la jonction des routes de Mars-la-Tour et de Tronville, un peu à l'ouest de Vionville; les trois batteries de gauche y prennent position : la batterie Bode au nœud des routes (2, ch. IV), les deux autres à sa droite; la batterie Schirmer (2, ch. X) reste à sa place, à Tronville. 9 h. 1/4

Il est 9 heures 1/4, une batterie de la 6me division de cavalerie (2, ch. III) de la brigade Grutter vient à ce moment prendre position sur le plateau à l'ouest des bois de Vionville, et dès-lors cinq batteries peuvent, sans obstacle encore, diriger leurs feux au-delà de Vionville et sur Flavigny, où l'infanterie française commence à peine à arriver.

A ce moment Vionville commence à être occupé par l'infanterie française. Une batterie qui a voulu s'établir au nord du village a été forcée de se retirer. 9 h. 1/2.

La cavalerie avait suivi le mouvement en avant des batteries du major Körber vers Vionville, mais le feu des tirailleurs français qui viennent garnir les clôtures du village l'oblige à reculer en laissant seule l'artillerie en avant du plateau, et à aller occuper en arrière des positions plus abritées des feux de l'infanterie.

Le 1er escadron du 17me hussards et l'escadron de la garde restent en avant pour protéger directement les batteries sur le plateau ; le 1er à gauche et au sud de la route, le 2me à droite; le 10me hussards s'établit dans le vallon qui descend de Flavigny.

Les 17me et le 11me hussards qui étaient à Tronville viennent s'abriter derrière la lisière sud des bois du même nom.

La brigade Barby est à l'est de ces bois surveillant le nord.

La brigade Bredow, qui était au nord de la route de Mars-la-Tour, est obligée aussi de reculer vers un pli de terrain qui est près de la lisière orientale des bois de Tronville.

La division Bataille vient occuper Vionville et Flavigny. 9 h. 3/4.

Vionville et Flavigny se garnissent de troupes françaises, et l'artillerie, qui jusque-là a pu rester sur le plateau, est obligée à son tour de rétrograder et de venir prendre position plus en arrière. (*Pl.* 2). Seule, la batterie Bode (2, ch. IV), qui est au nœud des routes de Mars-la-Tour et de Vionville reste en place, abritée par les peupliers de la route. La batterie de la 6me division de cavalerie (2, ch. III), qui s'était portée sur le plateau des bois de Vionville, est aussi contrainte à battre en retraite. La cavalerie elle-même, dans sa nouvelle position, n'est plus assez abritée du feu des tirailleurs français : elle se retire, le 10me hussards à la ferme de la Sauley ; la brigade Bredow par une clairière, de l'est des bois de Tronville à l'ouest de ces bois ; la brigade Bredow se place à côté de la brigade Barby.

Vionville et Flavigny sont occupés par l'infanterie française ; l'artillerie a pris position au nord-est du village.

Telle est, un peu avant 10 heures, la situation des Allemands ; au fur et à mesure que les troupes françaises viennent occuper Vionville et Flavigny, ils cèdent devant l'infanterie ; artillerie et cavalerie prennent des positions plus en arrière, seules les batteries Bode et Schirmer gardent leur position primitive : la première au nœud des routes de Mars-la-Tour et de Vionville, la batterie Schirmer un peu en avant de Tronville ; les deux autres batteries se portent en arrière vers Tronville. La batterie Grutter a reculé en même temps jusque vers le bois de Gaumont. L'infanterie allemande n'a pas encore paru, mais les deux divisions d'infanterie, la 6me et la 5me sont aperçues ; elles s'avancent, la 6me vers Vionville, par Buxières et Tronville, la 5me dans la même direction, par Gorze. Les deux divisions ont une action tout-à-fait indépendante, tout en concourant au même but : la 6me division ayant agi seule directement contre Vionville, nous ne nous occuperons que d'elle dans la prise du village ; nous ne parlerons de la 5me division que pour indiquer où elle se trouve dans les différents moments de l'action, afin de mieux comprendre comment sa présence a pu aider au succès de la 6me division.

La 6me division d'infanterie est arrivée à Buxières vers 8 heures 1/2 ; elle se compose de deux brigades d'infanterie au complet, de ses douze compagnies, moins une seule appartenant au 64me ; les compagnies sont à 200 hommes environ. Ces deux brigades sont :

La 11me, comprenant le 20me et le 35me.

La 12me, comprenant le 24me et le 64me.

Le général informé du combat qui a eu lieu depuis le matin vers Vionville, dispose sa division sur deux lignes ; la 12me brigade en tête (64me et 24me), et la 11me derrière. Les brigades sont elles-mêmes sur deux lignes, chaque régiment formant une ligne de bataillons en colonnes. La division se dirige dans cet ordre vers Tronville. (*Pl.* 3).

Pendant qu'il s'avance ainsi vers le village, et avant qu'il y soit arrivé, le général reçoit l'ordre d'envoyer son artillerie en avant vers Tronville, en la faisant escorter par le 2me régiment de dragons. La 5me et la 6me batterie légère quittent immédiatement la colonne et se dirigent vers le plateau du cimetière, les deux autres, les batteries lourdes, la 5me et la 6me, sous les ordres du lieutenant-colonel Beck, quittent la ferme de la Sauley et se portent vers la hauteur située au sud-ouest de Flavigny. Ces batteries arrivent au moment où l'artillerie de la 5me division de cavalerie est obligée d'abandonner ses positions avancées vers

Vionville. Il est près de 10 heures. La 6me légère (6, l. III) se place à côté de la batterie Schirmer (2, ch. x) et à sa droite, la 5me (5, l. III) à sa gauche. Les trois batteries ainsi réunies gagnent le plateau du cimetière pour y prendre position, mais le feu de l'infanterie les force immédiatement à reculer sur le versant ouest qu'elles viennent de quitter. Tandis qu'elles se portent ainsi en arrière, les deux batteries lourdes du colonel Beck prennent position au sud-ouest de Flavigny (5e et 6e, L. III) et dirigent leurs feux, malgré les efforts des tirailleurs embusqués à Vionville et à Flavigny, contre les troupes qui s'avancent vers ces deux villages. 10 h.

L'entrée en ligne de ces deux batteries permet à l'artillerie allemande de continuer la lutte contre les troupes françaises. A ce moment deux batteries nouvelles viennent prendre part à l'action ; elles sont amenées par le major Lentz. Ce sont deux batteries à cheval du 3me corps (1er et 3e, ch. III). Elles prennent position à la droite des batteries lourdes de la division. 10 h. 1/2.

Il est environ 10 heures 1/2 et jusqu'à ce moment l'artillerie seule appuyée par la cavalerie a résisté aux efforts des troupes françaises qui sont venues occuper Tronville et Flavigny. La 6me division allemande, qui s'avance vers Tronville, aborde seulement le village, et la 5me division qui vient par Gorze n'a pu depuis 10 heures 1/4, établir qu'une seule batterie sur le plateau au sud-ouest de Flavigny : son infanterie cherche inutilement à se déployer en avant vers le chemin de Buxières à Rezonville. Mais 10 batteries d'artillerie entourent la position sur une étendue de

2 kilomètres environ, et font converger leurs feux sur Tronville et Flavigny.

La 6me division arrive à Tronville par la route de Buxières. Faisant alors converser les brigades à droite, le général place la 12me qui est en tête (64me et 24me) des deux côtés de la chaussée de Mars-la-Tour, et la 11me (35me et 20me) au sud du chemin de Tronville. (*Pl.* 3.)

Les régiments sont sur 2 lignes; à l'aile droite le 20me est en arrière du 35me, à l'aile gauche le 64me marche en tête ; le 24me déborde le 64me sur la gauche pour faire face aux attaques qui peuvent venir de côté, du nord de la chaussée de Mars-la-Tour.

La division ainsi formée se porte en avant de Tronville, franchissant le plateau où depuis le matin lutte si difficilement l'artillerie du 3me et du 10me corps. Les régiments en 1re ligne font prendre à leurs bataillons la formation de combat, ceux qui sont en 2me ligne gardent leurs bataillons en ligne de colonnes.

ATTAQUE DU VILLAGE PAR L'INFANTERIE.

Aile droite.

35me et 20me régiments d'infanterie.

35me *régiment.* — Le 1er bataillon (1re, 2me, 3me et 4me compagnie) dirigé sur la face de Vionville qui regarde le sud, détache en avant la 3me et la 4me compagnie et garde les 2 autres en réserve.

Le 2me bataillon (5me, 6me, 7me et 8me compagnie) précédé de la 6me et de la 7me compagnie, se dirige contre le cimetière et le bois qui entoure l'abreuvoir.

Le 3me bataillon (9me, 10me, 11me et 12me compagnie), portant en avant la 11me et la 12me, se dirige sur Flavigny.

20me *régiment.* — Le 20me suit le 35me à 300 mètres environ, se tenant prêt à seconder ses efforts.

Aile gauche.

64me et 24me régiments d'infanterie.

64me *régiment.* — Le 2me bataillon du 64me est chargé d'attaquer le côté ouest de Vionville, le 3me bataillon dirigera son attaque vers le nord et le 1er s'intercalera entre les deux pour seconder l'un ou l'autre suivant les phases de la lutte.

24me *régiment.* — Le 24me suit le 64me à distance de ligne, à 300 mètres environ. Dès que l'infanterie paraît, les batteries qui étaient encore restées en arrière par suite du mouvement de recul auquel l'infanterie française les avait obligées, se reportent en avant. (*Pl.* 4.) En même temps que les tirailleurs du 35me, la 1re batterie à cheval du 10me corps, (1,ch. x) qui avait reculé avec la 2me sur le plateau de Tronville, se porte en avant à côté de la batterie Bode; la 2me à cheval de ce corps se joint à la 3me pour aller prendre position sur la hauteur en avant du cimetière. La 6me batterie légère, du 3me corps, qui avec la 5me du même corps, et la batterie Schirmer (2, ch. x) (*Pl.* 4.) avait été repoussée sur le versant ouest du plateau du cimetière, se porte en avant vers une carrière du ravin de Flavigny, pour ouvrir son feu contre ce village. La 5me légère reste en arrière près de Vionville, mais la batterie Schirmer (2, ch. x) se joint à la 3me batterie à cheval du 3me corps (3, ch. x) et se porte en avant dans la direction du cimetière.

Cette ligne de batteries est encore renforcée par une batterie lourde du 10me corps, (2, L. III) qui se place entre les deux batteries à cheval de gauche, (1, ch. III) et (3, ch. III) avec les deux batteries lourdes qui s'y trouvent déjà.

11 h. Il est près de 11 heures quand l'infanterie arrive à la hauteur de l'artillerie et vient prendre part à la lutte. (*Pl.* 5.)

Aile droite.

35me et 20me régiments d'infanterie.

35me *régiment.* — Le 3me bataillon se porte vers Flavigny. Il est précédé de la 11me et de la 12me compagnie, mais les feux des bois qui entourent l'abreuvoir sont si violents, que ces deux compagnies doivent renoncer à tout mouvement en avant: La 11me oblique à gauche et fait face à Vionville, tandis que les trois autres (12me, 9me et 10me), appuyant à droite avec le chef du bataillon, gagnent le vallon qui descend de Flavigny et viennent se former en ligne à 400 mètres des clôtures de village pour engager le feu avec les troupes qui les occupent.

Le 2e bataillon s'est dirigé vers le cimetière précédé de la 6me et de la 7me compagnie. Le cimetière n'étant pas occupé par les troupes françaises, elles s'y abritent un instant et prennent leur direction vers les bois contre lesquels s'est heurté déjà le 3me bataillon; le feu des défenseurs est tel que les deux compagnies de tête sont obligées de renoncer à tout mouvement en avant: cherchant alors à déborder le village, l'une (la 6me) appuie à droite vers Flavigny et se joint aux tirailleurs du 3me bataillon qui font face au village, l'autre (la 7me) appuie à gauche et fait face aux murs du sud de Vionville avec le 1er bataillon qui déjà s'y est engagé. Les deux dernières compagnies du 2me bataillon s'avancent dans l'espace laissé libre par la 7me et la 6me, et se portent aussi en avant dans la direction du bois; elles sont bien vite désorganisées comme celles qui les ont précédées, et après avoir été décimées, elles sont obligées de rétrograder jusqu'au cimetière où elles se mettent momentanément à l'abri (7me et 8me compagnie).

Le 1er bataillon du 35me doit diriger son attaque contre le sud du village. Il se porte en avant en obliquant à droite vers le cimetière, précédé par la 3me et la 4me compagnie. Le feu du bois dont nous avons parlé arrête encore les deux compagnies de tête du bataillon dans leur attaque en les prenant de flanc; la 3me à droite est obligée d'y faire face en appuyant vers les compagnies qui attaquent Flavigny, la 4me trop fortement éprouvée gagne le cimetière pour s'y abriter, les deux autres compagnies (la 1re et la 2me) continuent le mouvement en avant et font face à Vionville.

20me *régiment.* — Le 20me est en deuxième ligne derrière le 35me, et il le suit à environ 300 mètres dans son mouvement offensif; mais en même temps que le feu de l'infanterie française arrête les compagnies du 35me, les bataillons du 20me sont arrêtés par le feu de l'artillerie et le général se voit obligé de suspendre leur mouvement en avant. Il envoie vers le cimetière le 3me bataillon pour aider les compagnies du 35me si fortement éprouvées et fait porter le 1er et le 2me bataillon en réserve dans le vallon qui est à l'est de Tronville. Le 3me bataillon du 20me arrive au cimetière et y laisse deux compagnies (la 9me et la 10me). Elles se joignent à la 5me et à la 8me du 35me qui s'y sont réfugiées; les deux autres compagnies du bataillon, (la 11me et la 12me) se portent en avant contre le bois. L'entrée en ligne de ce bataillon permet aux allemands de reprendre la lutte contre Vionville, en tenant tête aux troupes françaises du bois de Flavigny et de l'abreuvoir; la 11me et la 12me ayant engagé le feu avec les tirailleurs du bois, la 9me et la 10me en profitent pour sortir du cimetière et se porter contre Vionville avec les compagnies du 1er bataillon du 35me déjà engagées vers le sud du village. Le feu du bois se ralentissant, la 12me se rapproche de Vionville pour se rejoindre aux compagnies qui vont donner l'assaut au village, la 11me seule reste engagée contre les bois de Flavigny.

11 h. 1/2. Ces renforts successifs et l'action incessante de l'artillerie ont permis au 35me et au 20me de se rapprocher considérablement de Vionville; il est tout près de 11 heures 1/2, et le village se trouve à ce moment attaqué au sud par la 1re, la 2me, la 4me, la 11me et la 7me com-

pagnie du 35me, par la 9me, la 10me et la 12me du 20me; et à ces compagnies se joindront la 5me et la 8me du 35me qui sont au cimetière.

Aile gauche.

64me et 24me régiments d'infanterie.

64me *régiment.* — Le 64me doit prononcer son attaque sur les deux faces de Vionville qui regardent le nord et l'ouest; le 24me protégeant son flanc gauche.

Les dispositions suivantes sont ordonnées :

Le 2me bataillon suivant la route de Mars-la-Tour attaquera Vionville par l'ouest; le 3me se portant vers les bois de Tronville ira donner l'assaut vers le nord : le 1er bataillon se tiendra d'abord en arrière des deux bataillons, les suivra pour leur porter aide au besoin et se placera entre eux dès qu'ils seront arrivés devant la face contre laquelle ils sont dirigés.

Pour seconder cette attaque, le 24me se portera vers la gauche dans les bois de Tronville.

Le 2me bataillon du 64me laisse la chaussée de Mars-la-Tour à sa gauche, s'avance précédé de la 5me et de la 7me compagnie contre la face ouest de Vionville, la 8me compagnie est en réserve. Les deux premières compagnies arrivent bien vite à 400 mètres des clôtures et engagent le feu avec les tirailleurs français.

Le 3me bataillon gagne le bois de Tronville, précédé de la 11me et de la 12me compagnie; aucune troupe française ne s'opposant à sa marche, le bataillon traverse le bois. Il laisse la 11me en arrière et, conversant à droite avec les trois autres compagnies (9me,

10me et 12me), il se dirige vers les clôtures du nord du village. Le 2me bataillon attaquant à droite la face de l'ouest, le 3me bataillon à gauche la face du nord, le 1er bataillon s'avance entre les deux et engage un feu nourri avec les défenseurs de Vionville. Il est 11 heures 1/2, et les trois bataillons du 64me sont arrivés assez près des clôtures du village pour tenir l'infanterie française en échec et s'apprêter à donner l'assaut.

24me *régiment.* — Pour arrêter les attaques qui auraient pu être prononcées par les français sur leur flanc gauche, les allemands avaient d'abord échelonné en arrière du 64me, le 24me régiment tout entier, dans leur mouvement en avant. Mais dès que le 64me fut en vue de Vionville, le 1er et le 3me bataillon du 24me furent placés en réserve dans le bois de Vionville, au saillant le plus voisin du village, et le 2me bataillon reçut l'ordre de remonter le ravin au nord de Vionville, jusqu'à la voie romaine, afin que les allemands engagés au nord du village ne fussent pas pris à dos par les troupes françaises.

En exécution de cet ordre, le chef de bataillon laissa une compagnie (la 8me) en réserve dans le bois, et avec les trois autres il remonta le ravin. Arrêté dans son mouvement en avant par les tirailleurs français qui occupaient le versant est du ravin, et par l'artillerie qui couronnait les hauteurs, il fut obligé de déployer entièrement ses trois compagnies et d'attendre des renforts, en tiraillant avec les troupes françaises. Les deux autres bataillons du 24me, envoyés à son secours vers 11 heures 1/4, vinrent garnir sa droite pour l'empêcher d'être coupé du 64me. Les onze compagnies du régiment furent alors déployées sur une seule ligne, n'ayant en réserve que la 8me compagnie laissée pour le moment dans le bois.

Telle est la situation de l'aile gauche à 11 heures 1/2. 11 h. 1/2.

Le 64me tout entier est engagé contre la partie nord et la partie ouest de Vionville, n'ayant d'autre réserve que les compagnies que les chefs de bataillons n'ont pas employées.

Le 24me est déployé par compagnie jusque vers la voie romaine, sur le versant oriental du ravin qui descend du nord vers Vionville, et n'a en réserve que la 8me compagnie. La brigade occupe un front de 1100 mètres, tous les bataillons sont engagés et le général n'a plus à disposer d'une seule compagnie de ses deux régiments.

A l'aile droite, à 11 heures 1/2, la 1re brigade s'étend sur un front de 1000 mètres, depuis le ravin de Flavigny jusqu'à la face du sud de Vionville, il n'a en réserve que deux bataillons du 20me dans le ravin à l'ouest de Tronville ; sept compagnies du 35me, comme nous l'avons vu, attaquent Vionville par le sud avec trois compagnies du 20me ; le reste de la brigade (cinq compagnies du 35me et une du 20me) fait face à Flavigny et aux bois de l'abreuvoir.

C'est ainsi que vers 11 heures 1/2 les allemands sont arrivés à entourer Vionville de vingt-deux compagnies d'infanterie de 200 hommes pour lui donner l'assaut, pendant qu'ils canonnent le village avec onze batteries d'artillerie.

C'est à ce moment que la 5me division, arrivée de Gorze sur le plateau à l'ouest du bois de Vionville depuis 10 heures 1/4, parvenait à se déployer ; plusieurs batteries avaient pris position à l'ouest du bois, face à Vionville, et des lignes de tirailleurs, après de longs efforts, s'étaient établies en avant du bois et à peu de distance du chemin de Buxières à Rezonville, d'où elles dirigeaient leurs feux sur Flavigny.

Abordé ainsi de trois côtés à la fois par le 35me, le 20me et le 64me, Vionville, à 11 heures 1/2 environ, tombe entre les mains des allemands qui l'envahissent par toutes les faces.

Le village est immédiatement occupé, les clôtures qui font face à Rezonville sont garnies de troupes qui poursuivent les français de leurs feux.

Des masses considérables d'infanterie et d'artillerie s'avancent à ce moment de Rezonville : les français semblent vouloir prononcer un retour offensif. Le 24me seul, sur une étendue de 1200 mètres, n'ayant aucune réserve, ne peut plus se maintenir dans les positions qu'il occupe devant les efforts de l'infanterie française qui couronne le plateau, les allemands vont être tournés par leur gauche, si le 24me n'est secouru à temps : il ne reste au général de division que les deux bataillons du 20me, il les envoie soutenir le 24me, et il porte sur le plateau de Vionville toute son artillerie divisionnaire qui est libre depuis la prise du village. En même temps le major Körber tourne contre l'artillerie française les batteries qu'il commande. Dix batteries se trouvent ainsi dirigées contre les batteries françaises établies sur la voie romaine. L'aile gauche de la division s'est garnie d'infanterie, le général peut espérer rester maître de la position conquise.

Saint-Maixent, le 30 juillet 1877.

Le chef de bataillon,

JAYET.

St-Maixent, typ. Reversé.